اسکول - escola 2
سفر - viatge 5
نقل وحمل - transport 8
شہر - ciutat 10
منظر - paisatge 14
ریسٹورنٹ - restaurant 17
سُپرمارکیٹ - supermercat 20
مشروبات - begudes 22
کھانےکی اشیاء - menjar 23
کھیت - granja 27
مکان - casa 31
لوونگ روم - sala d'estar 33
باورچی خانہ - cuina 35
غُسل خانہ - bany 38
بچوں کا کمرہ - cambra de nen 42
لباس - roba 44
دفتر - oficina 49
معیشت - economia 51
پیشے - oficis 53
اوزار - eines 56
آلات موسیقی - instrument de música 57
چڑیا گھر - zoo 59
کھیلیں - esports 62
سرگرمیاں - activitats 63
خاندان - família 67
جسم - cos 68
ہسپتال - hospital 72
ہنگامی صورتحال - urgència 76
زمین - terra 77
کلاک - rellotge 79
ہفتہ - setmana 80
سال - any 81
اشکال - formes 83
رنگ - colors 84
مخالف - oposats 85
اعداد - nombres 88
زبانیں - llengües 90
کون / کیا / کیسے - qui / què / com 91
کہاں - on 92

Impressum
Verlag: BABADADA GmbH, Nedderfeld 112 , 22529 Hamburg
Geschäftsführer / Verlagsleitung: Harald Hof
Druck: Books on Demand GmbH, In de Tarpen 42, 22848 Norderstedt

Imprint
Publisher: BABADADA GmbH, Nedderfeld 112 , 22529 Hamburg, Germany
Managing Director / Publishing direction: Harald Hof
Print: Books on Demand GmbH, In de Tarpen 42, 22848 Norderstedt

1

escola

کمره جماعت
classe
تقسیم کریں
dividir
186/2
سکول کا صحن
pati (de l'escola)
بورڈ
tauler
اُستاد
professor
کاغذ
paper
لکھنا
escriure
قلم
estilogràfica
میز
escriptori
پیمانہ
regle
کتاب
llibre
شاگرد
estudiant

بستہ

bossa

پینسل کیس

estoig

پینسل

llapis

پینسل شارپنر

maquineta de fer punta

ربڑ

goma

ڈرائنگ پیڈ

bloc de dibuix

2 اسکول - escola

ڈراﺋﻨﮓ

dibuix

پینٹ برش

pinzell

پینٹ باکس

capsa de pintures

قینچی

tisores

گوند

cola

مشق کی کاپی

quadern d'exercicis

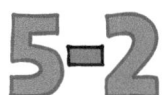

ہوم ورک

deures

12

ہندسہ

nombre

2+2

جمع کریں

afegir

5-2

منفی کریں

sostreure

2×2

ضرب دیں

multiplicar

شمار کریں

calcular

A

خط

lletra

ABCDEFG
HIJKLMN
OPQRSTU
VWXYZ

حروف تہجی

alfabet

hello

لفظ

mot

متن

text

پڑھنا

llegir

چاک

guix

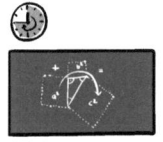

سبق

lliçó

اندراج

llibre de classe

امتحان

examen

سند

certificat

سکول یونیفارم

uniforme escolar

تعلیم

formació

انسائیکلوپیڈیا

enciclopèdia

یونیورسٹی

universitat

خورد بین

microscopi

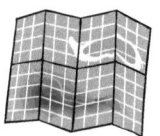

نقشہ

mapa

ویسٹ پیپرباسکٹ

paperera

بوٹل
hotel
alberg
رقم تبدیل کرانے کیلئے دفتر
oficina de canvi
سوٹ کیس
maleta
کار
automòbil

زبان
llengua

ہاں / نہیں
sí / no

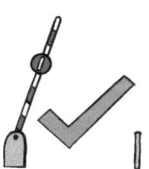

ٹھیک ہے
D'acord

ہیلو
Ey!

مُترجم
traductora

شُکریہ
gràcies

‏۔۔۔ کی کیا قیمت ہے؟

Quant costa... ?

میں نہیں سمجھتا

No entenc

مشکل

problema

شام بخیر!

Bona nit!

صبح بخیر!

bon dia!

شب بخیر!

bona nit!

الوداع

fins aviat

سمت

direcció

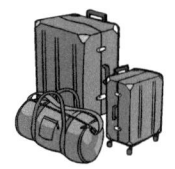

سفری سامان

bagatge

بیگ

bossa

بیگ پیک

sarrona

مہمان

convidat

کمرہ

cambra

سلیپنگ بیگ

sac de dormir

ٹینٹ

tenda

سیاحوں کے لئے معلومات

oficina de turisme

ساحل

platja

کریڈٹ کارڈ

carta de crèdit

ناشتہ

esmorzar

لنچ

dinar

ڈنر

sopar

ٹکٹ

bitllet

لفٹ

ascensor

مُہر

segell

سرحد

frontera

کسٹمز

duana

سفارت خانہ

ambaixada

ویزا

visat

پاسپورٹ

passaport

نقل وحمل

transport

ہوائی جہاز
vol
سمندری جہاز
vaixell
آگ بُجھانےوالی گاڑی
automòbil dels bombers
ٹرک
camió
بس
bus
موٹربوٹ
llanxa de motor
سائیکل
bicicleta
کار
automòbil

فیری
....
transbordador

کشتی
....
barca

موٹرسائیکل
....
moto

پولیس کار
....
automòbil de policia

ریسنگ کار
....
automòbil de curses

کرایہ پرکار
....
automòbil de lloguer

کارکا اشتراک کرنا

vehicle compartit

کھینچنے والا ٹرک

grua

کوڑے والا ٹرک

camió de les escombraries

کار

motor

ایندھن

benzina

پٹرول اسٹیشن

benzineria

ٹریفک کے نشانات

senyal de trànsit

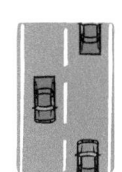

ٹریفک

trànsit

ٹریفک جام

embús

کار پارک

aparcament

ٹرین اسٹیشن

estació de trens

پٹڑیاں

vies

ٹرین

tren

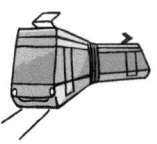

ٹرام

tramvia

ویگن

vagó

بیلی کاپٹر

helicòpter

ائرپورٹ

aeroport

ٹاور

torre

مسافر

passatger

کنٹینر

contenidor

ڈبہ

capsa de cartó

ریڑھا

carretó

ٹوکری

cistella

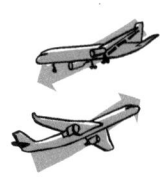

اڑان بھرنا / زمین پراُترنا

enlairar-se / aterrar

شہر

ciutat

گاؤں

poble

سٹی سنٹر

centre de la ciutat

مکان

casa

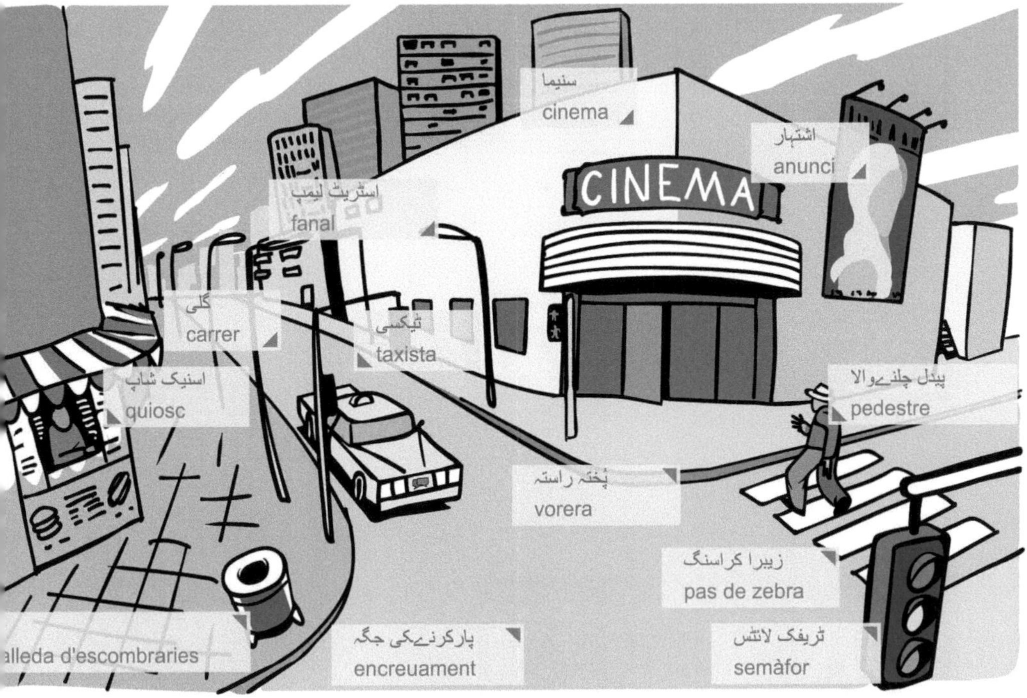

سنیما
cinema
اشتہار
anunci
اسٹریٹ لیمپ
fanal
گلی
carrer
ٹیکسی
taxista
اسنیک شاپ
quiosc
پیدل چلنےوالا
pedestre
پُختہ راستہ
vorera
زیبرا کراسنگ
pas de zebra
alleda d'escombraries
پارکرنےکی جگہ
encreuament
ٹریفک لائٹس
semàfor

ہٹ

cabana

فلیٹ

apartament

ٹرین اسٹیشن

estació de trens

ٹاؤن ہال

casa de la vila-ciutat

عجائب گھر

museu

اسکول

escola

یونیورسٹی
....
universitat

بینک
....
banca

ہسپتال
....
hospital

ہوٹل
....
hotel

فارمیسی
....
farmàcia

دفتر
....
oficina

کتابوں کی دکان
....
llibreria

دکان
....
botiga

پھولوں کی دُکان
....
floristeria

سُپرمارکیٹ
....
supermercat

مارکیٹ
....
mercat

ڈیپارٹمنٹ سٹور
....
gran magatzem

مچھلی کی دُکان
....
peixateria

شاپنگ سنٹر
....
centre comercial

بندرگاہ
....
port

پارک

....

parc

بنچ

....

banc

پُل

....

pont

سیڑھیاں

....

escala

انڈرگراؤنڈ

....

metro

سرُنگ

....

túnel

بس اسٹاپ

....

parada d'autobús

شراب خانہ

....

bar

ریسٹورنٹ

....

restaurant

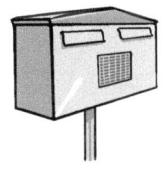

پوسٹ باکس

....

bústia de correu

اسٹریٹ سائن

....

senyal indicador

پارکنگ میٹر

....

parquímetre

چڑیا گھر

....

zoo

سوئمنگ پول

....

piscina

مسجد

....

mesquita

کھیت

granja

آلودگی

pol·lució

قبرستان

cementiri

چرچ

església

کھیل کا میدان

parc infantil

مندر

temple

منظر

paisatge

پتہ
fulla
رہنمائی کے لئے لگا ہوا بورڈ
cartell indicador
راستہ
camí
سبزہ زار
prat
پتھر
pedra
درخت
arbre
پیدل چلنے والا، ہائکر
excursionista
دریا
riu
گھاس
gespa
پھول
flor

وادی

vall

پہاڑی

muntanya

جھیل

llac

جنگل

bosc

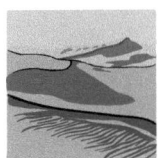

صحرا

desert

آتش فشاں

volcà

قلعہ

castell

قوس قزح

arc de Sant Martí

کھمبی

bolet

کجھورکا درخت

palmera

مچھر

moscard

مکھی

mosca

چیونٹی

formiga

مکھی

abella

مکڑا

aranya

بھونرا

escarabat

مینڈک

granota

گلہری

esquirol

خارپُشت

eriçó

خرگوش

llebre

اُلو

òliba

پرندہ

ocell

راج ہنس

cigne

سؤر

senglar

ہرن

cervo

امریکی بارہ سنگھا

ant

ڈیم

presa

ہوا سے چلنے والی ٹربائین

turbina

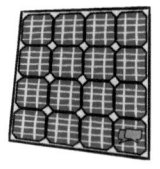

سولر پینل

panell solar

آب وہوا

clima

ریسٹورنٹ

restaurant

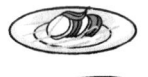

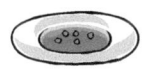

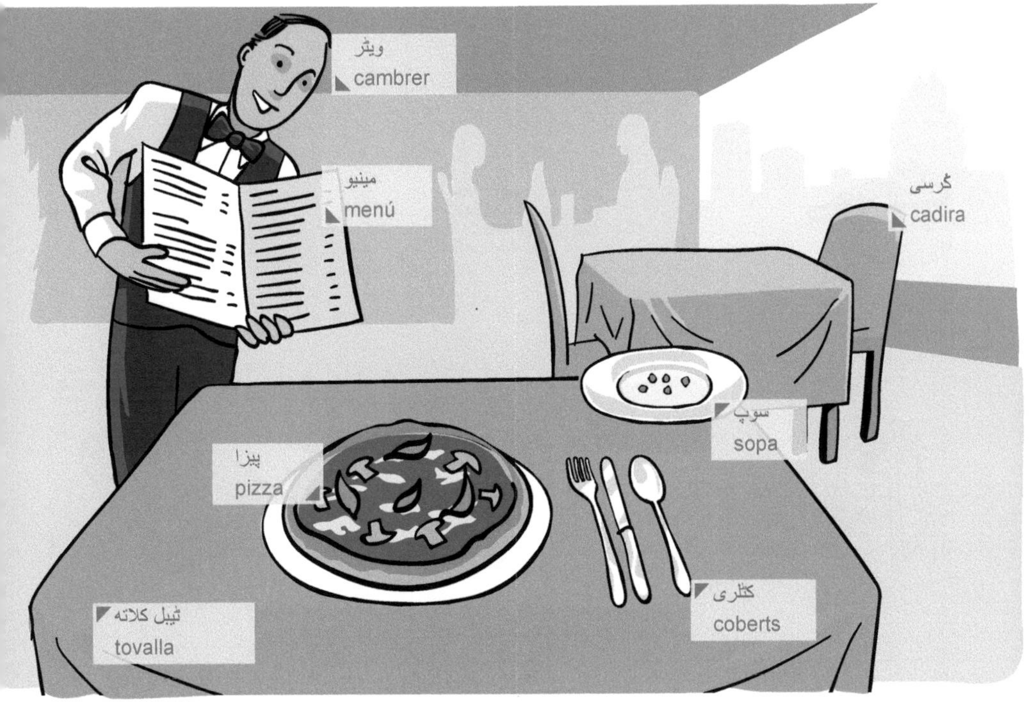

ویٹر
cambrer
مینیو
menú
کرسی
cadira
سوپ
sopa
پیزا
pizza
کٹلری
coberts
ٹیبل کلاتھ
tovalla

استارٹر

primer plat

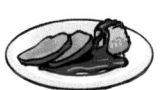

مین کورس

plat principal

ڈیزرٹ

darreries

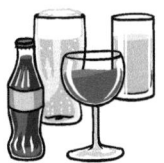

مشروبات

begudes

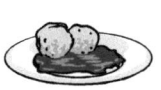

کھانےکی اشیاء

menjar

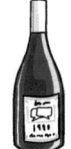

بوتل

ampolla

فاسٹ فوڈ

menjar ràpid

اسٹریٹ فوڈ

menjar de carrer

چائےدانی

tetera

شوگرباکس

sucrer

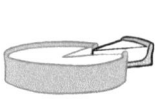

حصہ

porció

ایسپریسو مشین

màquina d'espresso

اونچی کُرسی

trona

بل

factura

ٹرے

plata

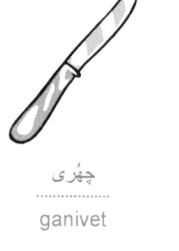

چھُری

ganivet

کانٹا

forqueta

چمچ

cullera

چائےکا چمچ

cullereta

سرویئیٹی

tovalló

شیشہ

got

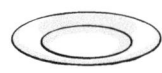

پلیٹ

....

plat

سوپ پلیٹ

....

plat de sopa

طشتری

....

plateret

چٹنی

....

salsa

سالٹ شیکر

....

saler

پیپرمل

....

molinet de pebre

سرکہ

....

vinagre

خوردنی تیل

....

oli

مصالحے

....

espècies

کیچپ

....

quètxup

سرسوں

....

mostassa

میئونیز

....

maionesa

سُپرمارکیٹ

supermercat

خصوصی پیشکش
oferta especial
FOR
گاہک
client
ڈیری
productes lactis
پھل
fruites
ٹرالی
carret de la compra

گوشت کی دُکان

carnisseria

بیکری

forn de pa

وزن کرنا

pesar

سبزیاں

verdures

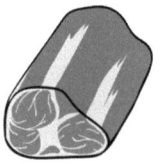

گوشت

carn

جما ہوا کھانا

menjar congelat

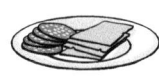

کولڈ کٹس

carn freda

ڈبےمیں بند کھانا

conserves

واشنگ پاؤڈر

detergent en pols

مٹھائیاں

dolços

گھریلو مصنوعات

articles domèstics

صاف کرنےکیلئےمصنوعات

productes de neteja

سیلزپرسن

venedora

کیش رجسٹر

caixa registradora

کیشئیر

caixera

خریداری کی فہرست

llista de la compra

اوقات کار

horari d'obertura

بٹوہ

portamonedes

کریڈٹ کارڈ

carta de crèdit

تھیلا

bossa

پلاسٹک کےتھیلے

bossa de plàstic

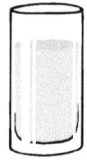

مشروبات
begudes

پانی

aigua

جوس، رس

suc

دودھ

llet

کوک

coca-cola

وائن

vi

بیئر

cervesa

الکوحل

alcohol

کوکوآ

cacau

چائے

te

کافی

cafè

ایسپریسو

espresso

کیپاچینو

cappuccino

کیلا

banana

سیب

poma

مالٹا

taronja

خربوزہ

síndria

لیموں

llimona

گاجر

pastanaga

لہسن

all

بانس

bambú

پیاز

ceba

کھُمبی

bolet

اخروٹ، بادام وغیرہ

avellanes

نوڈلز

fideus

اسپیگیٹی

espaguetis

چاول

arròs

سلاد

amanida

چپس

patates fregides

تلے گئے آلو

patates fregides

پیزا

pizza

ہیم برگر

hamburguesa

سینڈوچ

entrepà

کٹلیٹ

escalopa

سؤرکی ران کا گوشت

cuixot

گوشت کی اطالوی ساسیج

salami

ساسیج

salsitxa

مُرغی

pollastre

روسٹ

rostit

مچھلی

peix

جئی کا دلیہ

flocs de civada

میوزلی

musli

کارن فلیکس

cereals

آٹا

farina

کروئیسنٹ

croissant

بریڈ رول

panet

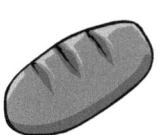

بریڈ

pa

ٹوسٹ

torrada

بسکٹ

bescuits

مکھن

mantega

دہی

mató

کیک

pastís

انڈا

ou

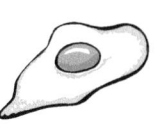

فرائی کیا گیا انڈہ

ou fregit

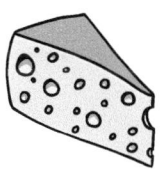

پنیر

formatge

آئس کریم

gelat

چینی

sucre

شہد

mel

جام

melmelada

ناؤگٹ کریم

crema de xocolata

سالن

curri

کھیت

granja

فارم ہاؤس
granja
کھلیان
graner
تنکوں کی گانٹھ
bala de palla
کھیت
camp
گھوڑا
cavall
ٹریلر
remolc
ٹریکٹر
tractor
گھوڑے کا بچہ
poltre
گدھا
ase
بھیڑ
ovella
میمنہ
xai

بکری

cabra

گائے

vaca

بچھڑا

vedella

سؤر

porc

سؤر کا بچہ

garrí

سانڈ

bou

راج ہنس

oca

بطخ

ànec

چوزہ

poll

مُرغی

gall

مُرغا

gallina

چوہا

rata

بلی

gat

چوہا

ratolí

بیلچہ

bou

کُتا

gos

کُتے کا گھر

gossera

گارڈن ہاؤس

mànega de regar

پانی کا کین

regadora

درانتی

dalla

ہل

arada

درانتی

falç

بیلچہ

aixada

ترنگل

forca

کلہاڑا

destral

ہتہ گاڑی

carretó

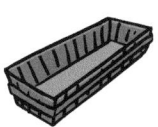

حوض

abeurador

دودھ کا کین

lletera

تھیلا

sac

باڑ

tanca

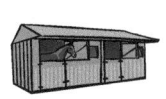

اصطبل

establa

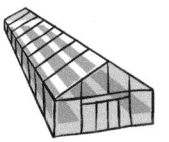

گرین ہاؤس

hivernacle

مٹی

sòl

بیج

llavor

فرٹیلائیزر

adob

کمبائن ہارویسٹر

collidora

فصل کاٹنا

collir

فصل کاٹنا

collita

افریقی آلو

nyam

گندم

blat

سویا

soja

آلو

patata

مکئی

blat de moro o d'indi

توریا کا تیل

colza

پھلداردرخت

arbre fruiter

کساوا

mandioca

دلیہ

cereals

مکان

casa

چمنی
fumera
چھت
teulada
نیچے جانے والا پائپ
canaló
کھڑکی
finestra
گیراج
garatge
دروازے کی گھنٹی
campana
دروازہ
porta
کوڑے کی ٹوکری
galleda de les escombraries
لیٹرباکس
bústia de correu
گارڈن
jardí

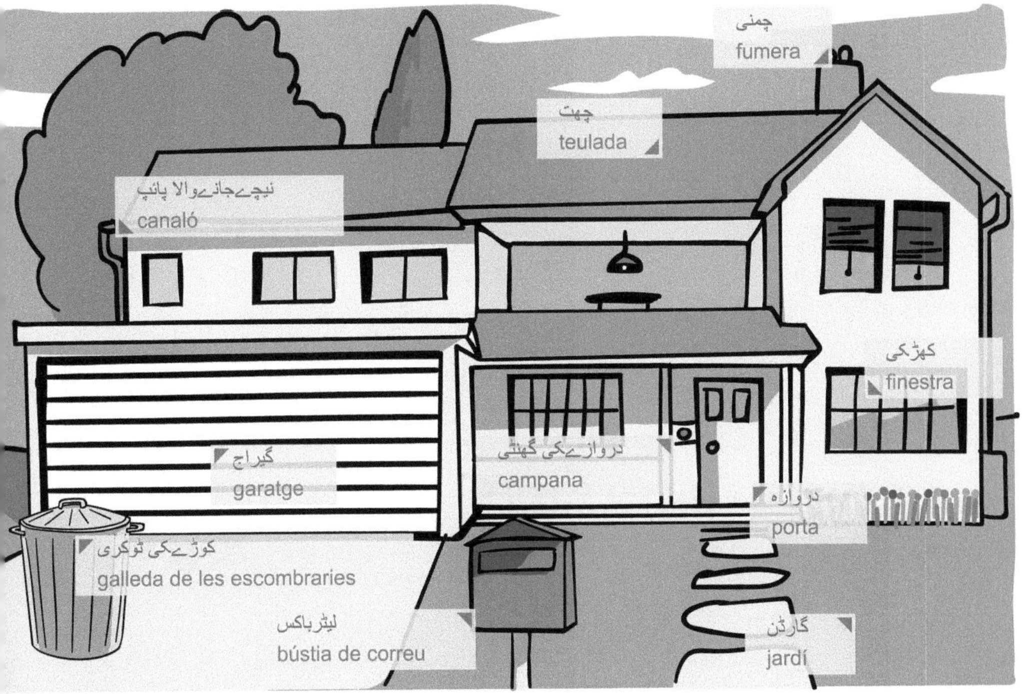

لوونگ روم

sala d'estar

غُسل خانہ

bany

باورچی خانہ

cuina

بیڈروم

cambra de dormir

بچوں کا کمرہ

cambra de nen

کھانے کا کمرہ

menjador

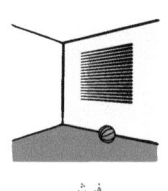

فرش

sòl

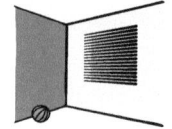

دیوار

paret

چھت

sostre

تہ خانہ

soterrani

سوانا

sauna

بالکونی

balcó

ٹیریس

terrassa

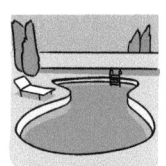

پول

piscina

گھاس کاٹنے کی مشین

tallagespa

چادر

vànova

چادر

cobrellit

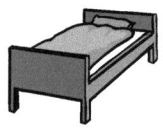

بستر

llit

جھاڑو

escombra

بالٹی

galleda

سوئچ

interruptor

لوونگ روم
sala d'estar

وال پیپر
paper de paret
تصویر
quadre
لیمپ
làmpada
شیلف
prestatge
الماری
armari
ٹیلی ویژن
televisor
آتش دان
escalfapanxes
پھول
flor
کُشن
coixí
صوفہ
sofà
گلدان
gerro
ریموٹ کنٹرول
telecomanda

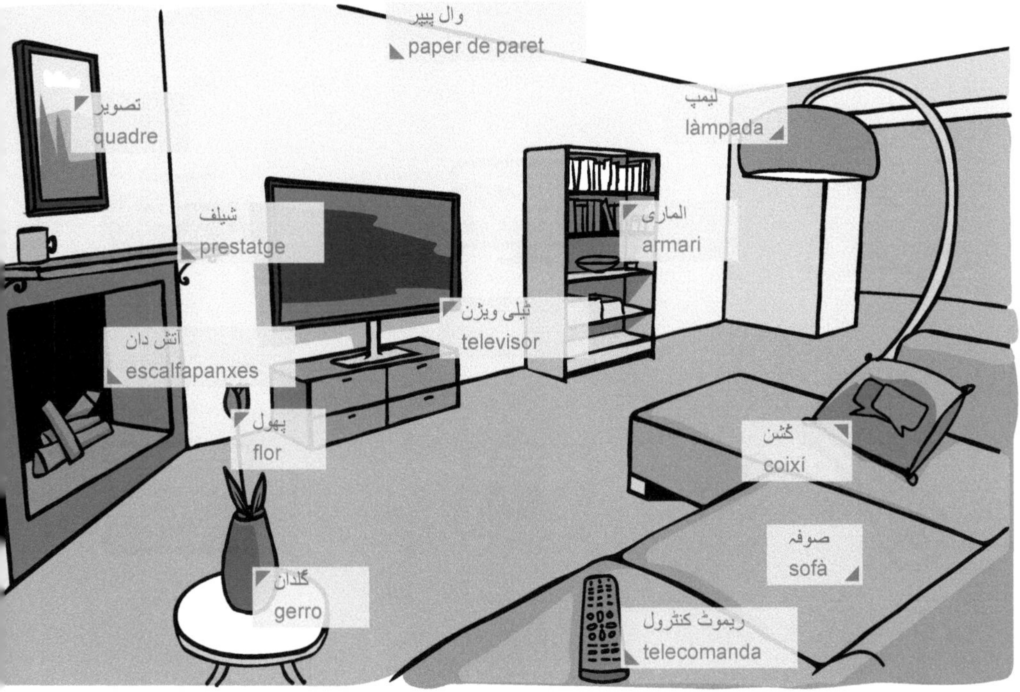

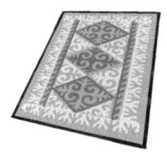

قالین

catifa

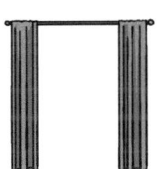

پردے

cortina

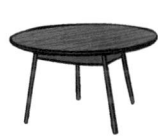

میز

taula

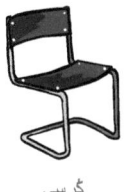

کُرسی

cadira

ہلنے والی کُرسی

cadira gronxadora

آرام کُرسی

cadiral

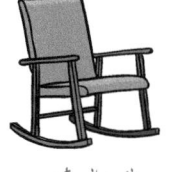

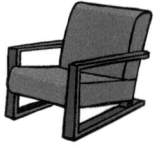

کتاب

llibre

کمبل

llençol

آرائش

decoració

جلانےکی لکڑی

llenya

فلم

film

ہائی فائی

cadena de música

چابی

clau

اخبار

diari

پینٹنگ

pintura

پوسٹر

cartell

ریڈیو

ràdio

نوٹ بُک

bloc de notes

ویکیوم کلینر

aspiradora

کیکٹس

cactus

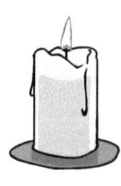

موم بتی

candela

باورچی خانہ
cuina

فرج
refrigerador
مائیکروویواوون
microones
کچن اسکیل
balança de cuina
ٹوسٹر
torradora
کپڑے دھونے کا پاؤڈر
detergent per a plats
چولہا
forn
فریزر
congelador
کوڑے کی ٹوکری
galleda de les escombraries
ڈش واشر
rentaplats

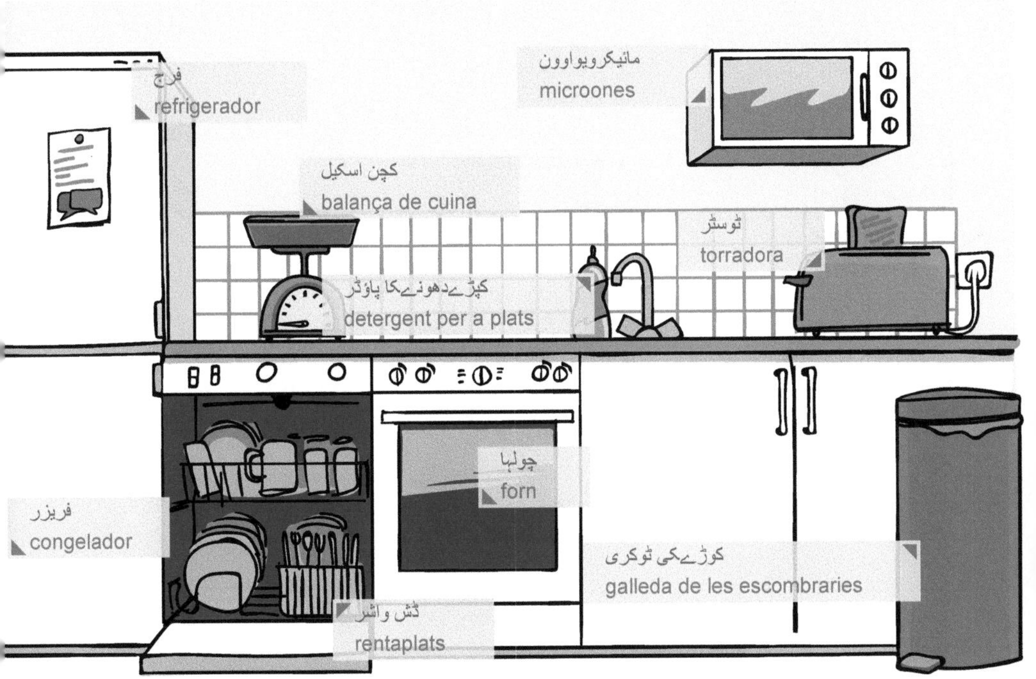

کُکر

cuina de fogons

برتن

olla

لوہے کا برتن

olla de ferro colat

کڑاہی

wok / karahi

برتن

paella

کیتلی

bullidor

استیمر

olla de vapor

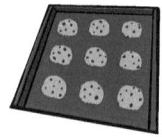

بیکنگ ٹرے

plata de forn

کراکری

vaixella

مگ

tassa grossa

پیالہ

bol

چاپ اسٹکس

bastonets xinesos

ڈوئی

culler

کفچہ

espàtula

جھاڑودینا

batedor

مقطر

colador

چھلنی

sedàs

گریٹر

ratllador

کونڈی

morter

باربی کیو

barbacoa

کھلی آگ

foc a terra

چاپنگ بورڈ

taula de tallar

بیلن

corró

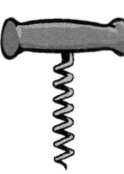

کارک اسکریو

llevataps

کین

pot de conserva

کین اوپنر

obridor

برتن پکڑنےوالا کپڑا

agafador

سنک

aigüera

برش

raspall

اسپونج

esponja

بلینڈر

batedora

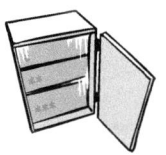

ڈیپ فریز

congelador

بچےکی بوتل

biberó

ٹونٹی

aixeta

غُسل خانہ

bany

calefacció
تولیہ
tovallola
شاور
dutxa
شاورکرٹن
cortina de dutxa
ببل باتھ
bany de bombolles
باتھ ٹب
banyera
واشنگ مشین
rentadora
ٹائلیں
rajoles
پاٹی
orinal
ٹونٹی
aixeta
شیشہ
got
سنک
aigüera

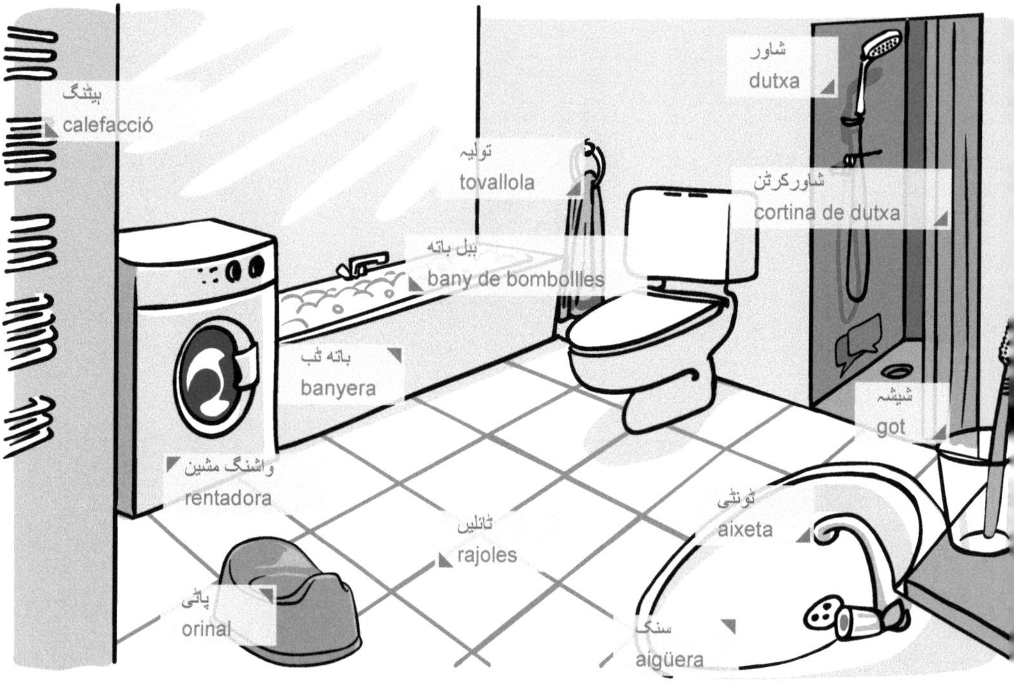

ٹائلٹ

lavabo

دوزانوں بیٹھنےوالی ٹائلٹ

lavabo turc

نچلاحصہ دھونےکیلئےپاٹ

bidet

پیشاب گاہ

orinador

ٹائلٹ پیپر

paper higiènic

ٹائلٹ برش

escombreta de sanitari

ٹوتھ برش

....

raspall de dents

ٹوتھ پیسٹ

....

pasta de dents

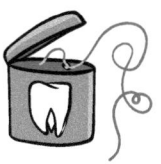

ڈینٹل فلاس

....

fil dental

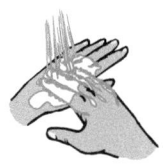

دھونا

....

rentar

ہینڈ شاور

....

pom de dutxa

شاور

....

dutxa íntima

بیسن

....

rentamans

بیک برش

....

raspall per a l'esquena

صابن

....

sabó

شاورجل

....

gel de dutxa

شیمپو

....

xampú

فلالین

....

manyopla de bany

ڈرین

....

bonera

کریم

....

crema

ڈیوڈورنٹ

....

desodorant

آئینہ
....
mirall

ہاتھ میں پکڑا جانے والا آئینہ
....
mirall-espill de mà

ریزر
....
maquineta de rasar

شیونگ فوم
....
espuma de barbejar

آفٹرشیو
....
loció post-rasada

کنگھی
....
pinta

برش
....
raspall

ہیئرڈرائر
....
eixugador

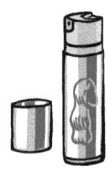

ہیئراسپرے
....
laca

میک اپ
....
maquillatge

لپ اسٹک
....
pintallavis

نیل وارنش
....
esmalt d'ungles

روئی
....
cotó

ناخن کاٹنے کی قینچی
....
tallaungles

پرفیوم
....
perfum

واش بیگ

estoig de bellesa

پاخانہ

tamboret

وزن کرنےکی مشین

bàscula

باتھ روب

barnús

ربڑکےدستانے

guants de goma

ٹیمپون

compresa higiènica

سینیٹری ٹاول

compresa

کیمیکل ٹائلٹ

sanitari químic

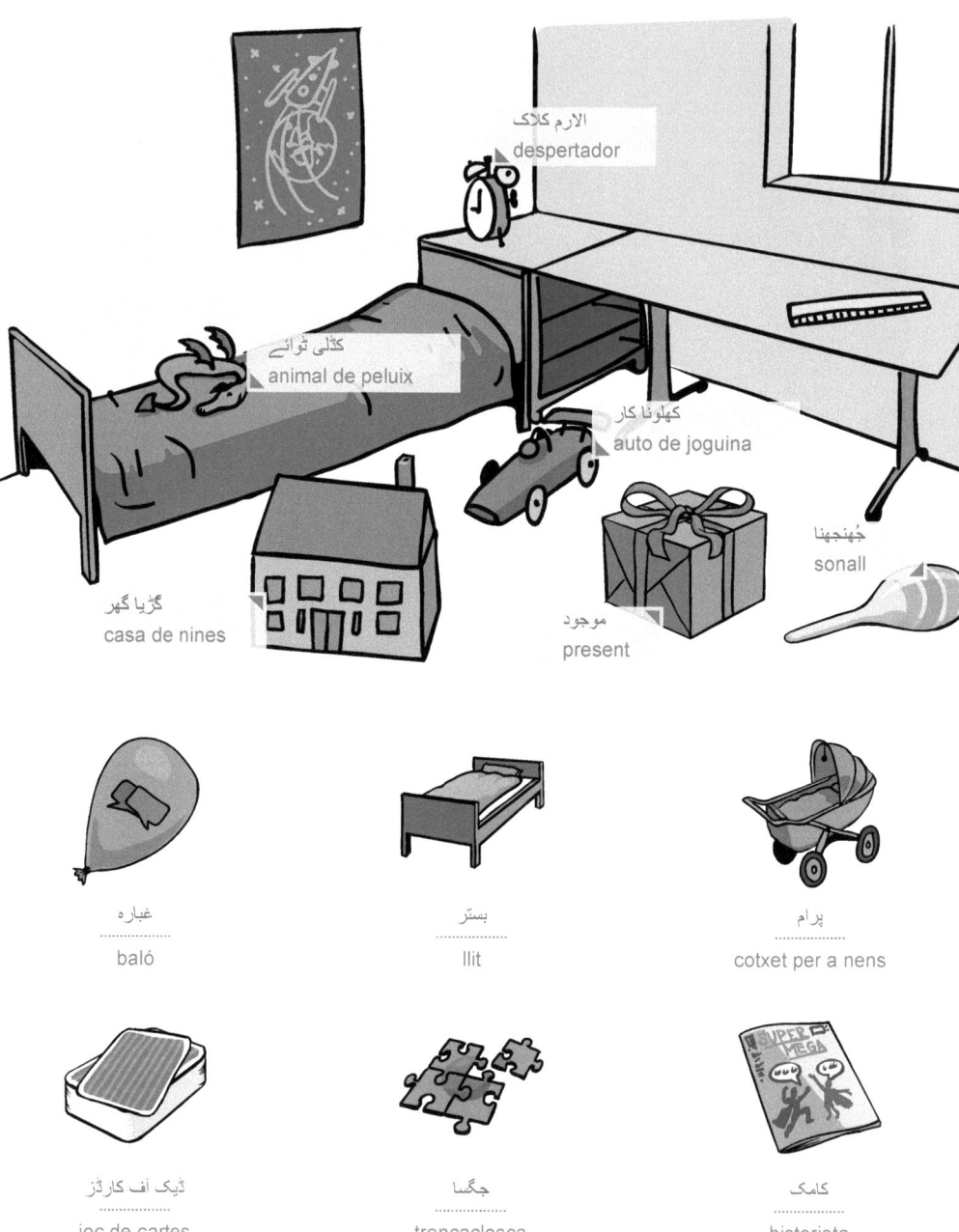

بچوں کا کمرہ

cambra de nen

کھلونا کار
auto de joguina
جُھنجھنا
sonall
گڑیا گھر
casa de nines
موجود
present

غبارہ

baló

بستر

llit

پرام

cotxet per a nens

ڈیک آف کارڈز

joc de cartes

جگسا

trencaclosca

کامک

historieta

لیگوبرکس

peces de lego

کھلونا بلاکس

peces de construcció

ایکشن فگر

ninot d'acció

بچےکا لباس

granota

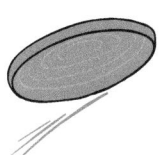

فرسبی

frisbee

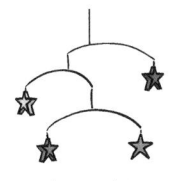

کھلونا موبائل

mòbil per a bressol

بورڈ گیم

joc de taula

ڈائس

daus

ماڈل ٹرین سیٹ

tren elèctric

ڈمی

xumet

پارٹی

festa

تصاویروالی کتاب

llibre de dibuixos

گیند

pilota

گڑیا

nina

کھیلنا

jugar

سینڈ پٹ

sorrera

جھولا جھولنا

gronxador

کھلونے

joguines

وڈیوگیم کنسول

consola de jocs de vídeo

تین پہیوں والی سائیکل

tricicle

ٹیڈی بیئر

osset de peluix

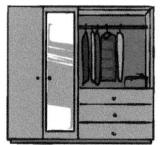

کپڑوں کی الماری

armari

لباس

roba

موزے

mitjons

اسٹاکنگز

mitges

ٹائٹس

mitja pantaló

اسکارف
tapacoll

چھتری
paraigua

ٹی شرٹ
camiseta

بیلٹ
cintura

بوٹ
botes

سلیپر
plantofes

اسنیکرز
sabates d'esport

سینڈل
sandàlies

جوتے
sabates

ربڑ کے بوٹس
botes de goma

زیر جامہ
calçonets

بریزئیر
sostenidor

واسکٹ
guardapits

جسم

jjustacòs

پتلون

pantalons

جینز

jeans

اسکرٹ

faldeta

بلاؤز

brusa

قمیض

camisa

پُل اوور

jersei

سویٹر

dessuadora

بلیزر

blazer

جیکٹ

jaqueta

کوٹ

mantell

رین کوٹ

impermeable

کوئی خاص لباس

vestit de dona

لباس

vestit de dona

شادی کا لباس

vestit de núvia

سوٹ

vestit d'home

نائٹ گاؤن

camisa de dormir

پائجامہ

pijama

ساڑھی

sari

سرپرلیا جانےوالا اسکارف

mocador de cap

پگڑی

turbant

بُرقع

burca

کفتان

caftan

عبایہ

abaia

تیراکی کا سوٹ

vestit de bany

ٹرنک

calçon(et)s de bany

نیکر

pantalons curts

ٹریک سوٹ

xandall

اپرن

davantal

دستانے

guants

بٹن

botó

عینک

ulleres

کنگن

braçalet

ہار

collaret

انگوٹھی

anell

کانوں کی بالیاں

orellera

ٹوپی

casquet

کوٹ ہینگر

penjador

ہیٹ

capell

ٹائی

corbata

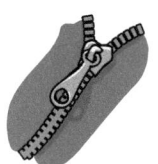

زپ

cremallera

ہیلمٹ

casc

بریسز

elàstics

سکول یونیفارم

uniforme escolar

وردی

uniforme

بِب

....

pitet

ڈمی

....

xumet

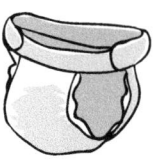

نیپی

....

bolquer

دفتر

oficina

سرور
servidor

فائلوں کی الماری
armari arxivador

پرنٹر
impressora

مانیٹر
monitor

کاغذ
paper

میز
escriptori

ماؤس
ratolí

فولڈر
arxivador

کی بورڈ
teclat

ویسٹ پیپر باسکٹ
paperera

کمپیوٹر
ordinador

گرسی
cadira

کافی مگ

....

tassa de cafè

کیلکولیٹر

....

calculadora

انٹرنیٹ

....

Internet

لیپ ٹاپ

ordinador portàtil

خط

lletra

پیغام

missatge

موبائل

mòbil

نیٹ ورک

xarxa

فوٹوکاپئیر

fotocopiadora

سافٹ ویئر

programari

ٹیلی فون

telèfon

پلگ ساکٹ

presa de corrent

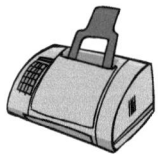

فیکس مشین

fax

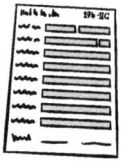

فارم

formulari

دستاویز

document

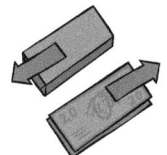

خریدنا

....

comprar

ادائیگی کرنا

....

pagar

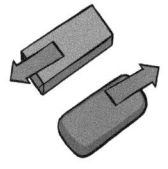

تجارت کرنا

....

comerciar

رقم

....

diners

ڈالر

....

dòlar

یورو

....

euro

ین

....

ien

روبل

....

ruble

سوئس فرانک

....

franc suís

رینمنیبی یوآن

....

renminbi

روپیہ

....

rupia

کیش پوائنٹ

....

caixa automàtica

رقم تبدیل کرانےکیلئےدفتر

oficina de canvi

سونا

or

چاندی

argent

خام تیل

petroli

توانائی

energia

قیمت

preu

معاہدہ

contracte

ٹیکس

impost

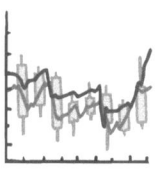

اسٹاک

acció

کام کرنا

treballar

ملازم

treballador

آجر

empresari

فیکٹری

fàbrica

دکان

botiga

oficis

پولیس افسر
oficial de policia
فائرمین
bomber
خانساماں، کُک
cuiner
ڈاکٹر
doctora
پائلٹ
pilot

مالی

jardiner

ترکھان

fuster

درزن

costurera

جج

jutge

کیمسٹ

química

اداکار

actor

بس ڈرائیور

conductor d'autobús

ٹیکسی ڈرائیور

taxista

مچھیرا

pescador

صفائی کرنےوالی عورت

dona de la neteja

چھت بنانےوالا

ensostrador

ویٹر

cambrer

شکاری

caçador

پینٹر

pintor

بیکر

forner

الیکٹریشین

electricista

بلڈر

obrer de la construcció

انجینئیر

enginyer

قصائی

carnisser

پلمبر

llanterner

ڈاکیا

correu

سپاہی

soldat

آرکیٹیکٹ

arquitecte

کیشئیر

caixera

پھول بیچنےوالا

florista

نائی

perruquer

کنڈکٹر

revisor

مکینک

mecànic

کپتان

capità

ڈینٹسٹ

dentista

سائنسدان

científic

یہودی عالم

rabí

امام

imam

راہب

monjo

پادری

capellà

اوزار

eines

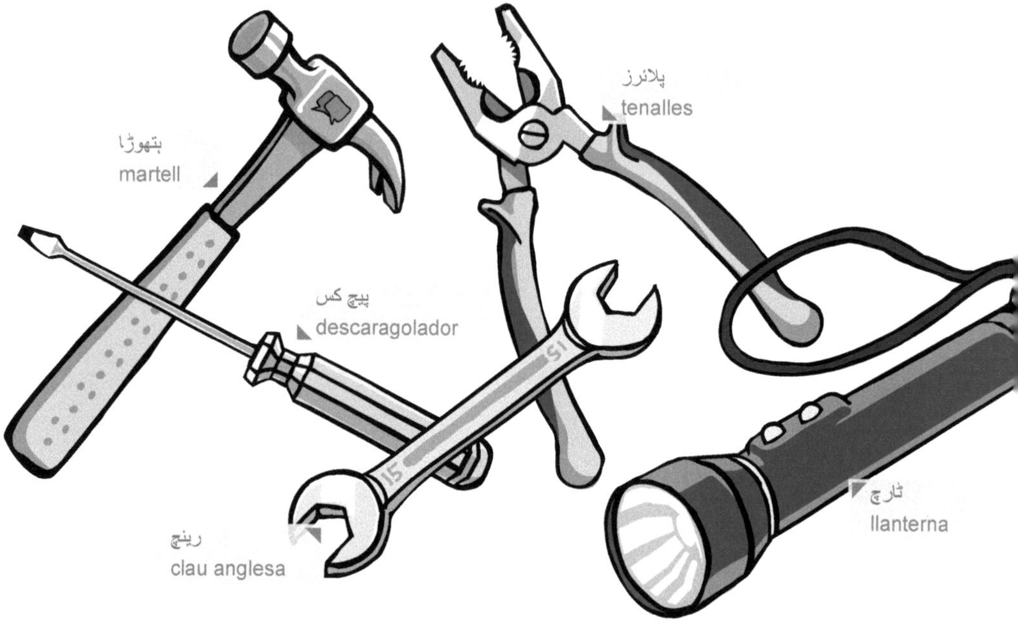
بتھوڑا
martell
پلائرز
tenalles
پیچ کس
descaragolador
رینچ
clau anglesa
ٹارچ
llanterna

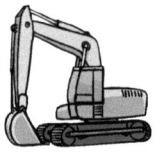

ایکسکویٹر

excavadora

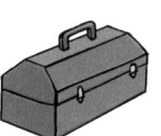

ٹول باکس

caixa d'eines

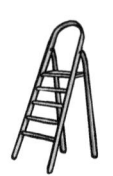

سیڑھی

escala

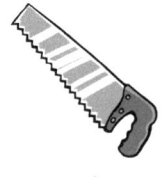

آری

serra

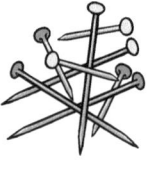

کیل

claus

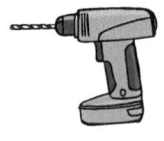

ڈرل

trepant

مرمت کرنا

....

reparar

بیلچہ

....

pala

لعنت ہو!

....

Maleït siga!

ڈسٹ پین

....

pala

پینٹ پاٹ

....

pot de pintura

پیچ

....

caragols

آلات موسیقی

instrument de música

لاؤڈ اسپیکر
altaveu
ڈرم سیٹ
bateria
گٹار
guitarra
ڈبل باس
contrabaix
بگل
trompeta

پیانو

piano

وائلن

violí

موسیقی کی آواز

baix

ٹمپانی

timbal

ڈھول، ڈرمز

tambor

کی بورڈ

teclat

سیکسوفون

saxofon

بانسری

flauta

مائیکروفون

micròfon

چڑیا گھر

zoo

داخلے کا راستہ
entrada
چیتا
tigre
پنجرہ
gàbia
زیبرا
zebra
جانوروں کا چارہ
aliment per a animals
پانڈا
ós panda

جانور

animals

ہاتھی

elefant

کینگرو

cangurú

گینڈا

rinoceront

گوریلا

goril·la

ریچھ

ós

اونٹ

camell

شُترمُرغ

estruç

شیر

lleó

بندر

simi

فلیمنگو

flamenc

طوطا

papagai

قطبی ریچھ

ós polar

کبوتر

pingüí

شارک

ca mari

مور

paó

سانپ

serp

مگرمچھ

cocodril

چڑیا گھر کا محافظ

guardià del zoo

سیل

foca

امریکی تیندوا

jaguar

ٹٹو

poni

چیتا

lleopard

دریائی گھوڑا

hipopòtam

زرافہ

girafa

عقاب

àliga

سؤر

senglar

مچھلی

peix

کچھوا

tortuga

سمندری گھوڑا

morsa

لومڑی

guineu

غزال ہرن

gasela

کھیلیں

esports

futbol americà
سائیکلنگ
ciclisme
tenis
باسکٹ بال
bàsquet
پیراکی
natació
آئس ہاکی
hoquei sobre gel
باکسنگ
boxa

فٹ بال

futbol americà

بیڈمنٹن

bàdminton

اتھلیٹکس

atletisme

ہینڈ بال

handbol

اسکیئنگ

esquí

پولو

polo

سرگرمیاں

activitats

چھلانگ
tar
گلے لگانا
abraçar
ہنسنا
riure
چلنا
anar
گانا
cantar
خواب دیکھنا
somiar
دُعا کرنا
pregar
چُومنا
fer un petó

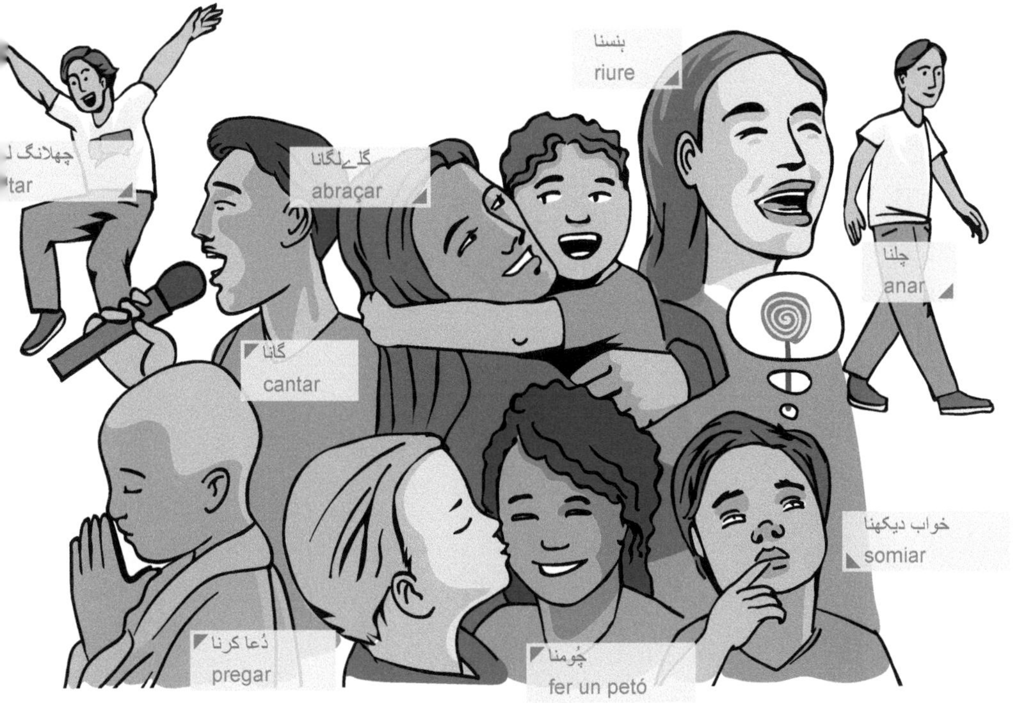

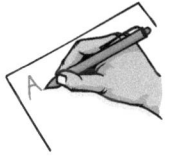

لکھنا

escriure

تصویرکشی کرنا

dibuixar

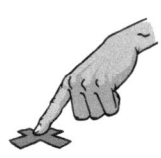

دکھانا

mostrar

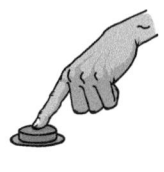

آگےکی طرف دھکیلنا

pitjar

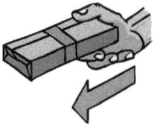

دینا

donar

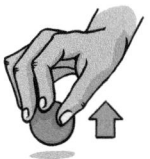

لینا

prendre

رکھنا

tenir

کرنا

fer

ہونا

ésser

کھڑا ہونا

estar dret

دوڑنا

córrer

کھینچنا

estirar

پھینکنا

llançar

گرنا

caure

جھوٹ بولنا

jeure

انتظارکرنا

esperar

اُٹھانا

portar

بیٹھنا

asseure's

ملبوس ہونا

vestir-se

سونا

dormir

جاگنا

despertar-se

دیکھنا

mirar

رونا

plorar

چوٹ لگانا

amoixar

کنگھی کرنا

pentinar

بات کرنا

parlar

سمجھنا

comprendre

پوچھنا

demanar

مُتوجہ ہونا

escoltar

پینا

beure

کھانا

menjar

صاف کرنا

endreçar

پیارکرنا

estimar

پکانا

cuinar

گاڑی چلانا

conduir

اُڑنا

volar

بحری سفرکرنا

navegar

شمارکریں

calcular

پڑھنا

llegir

سیکھنا

aprendre

کام کرنا

treballar

شادی کرنا

casar-se

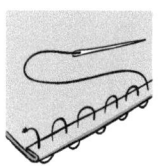

سینا

cosir

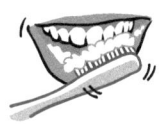

دانت صاف کرنا

raspallar-se les dents

جان سےماردینا

matar

تمباکونوشی کرنا

fumar

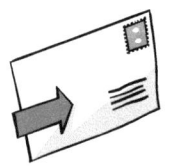

بھیجنا

enviar

خاندان

família

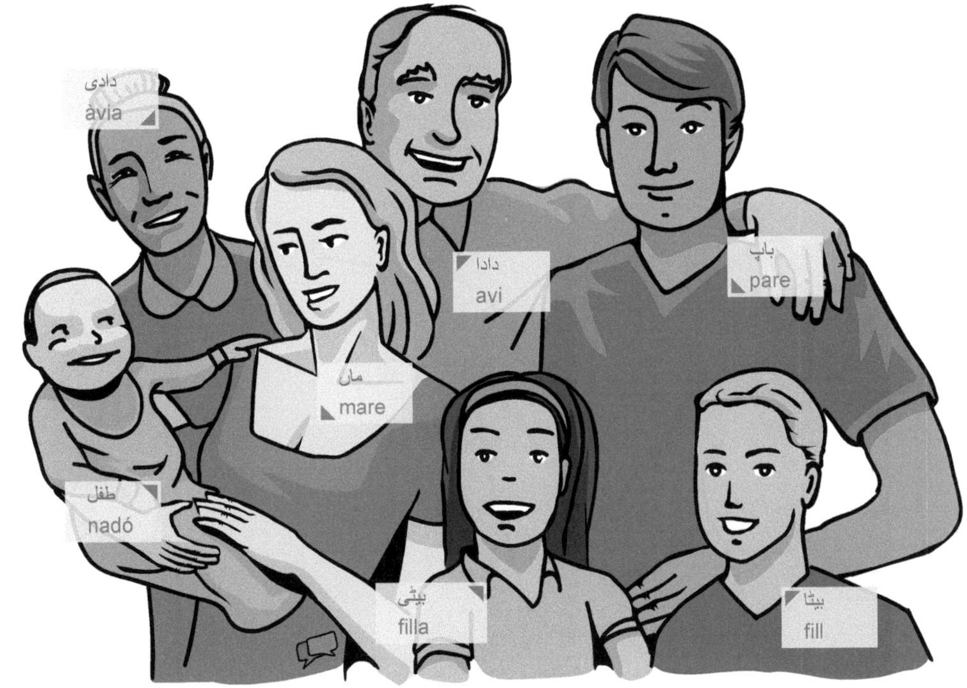

دادی
avia
دادا
avi
باپ
pare
ماں
mare
طفل
nadó
بیٹی
filla
بیٹا
fill

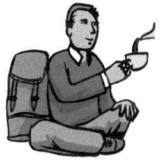

مہمان

convidat

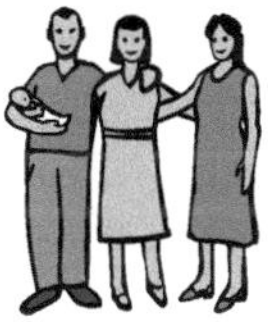

چچی

tia

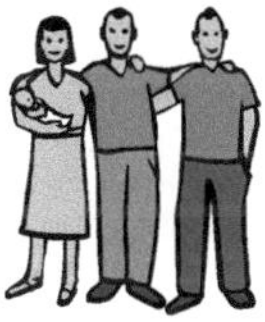

چچا

oncle

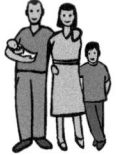

بھائی

germà

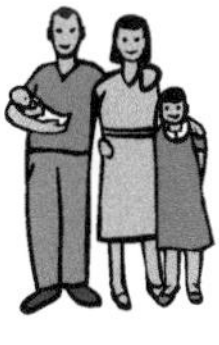

بہن

germana

جسم

cos

ماتھا
front
آنکھ
ull
espatlla
انگلی
dit
چہرہ
cara
ٹھوڑی
barbeta
ہاتھ
mà
چھاتی
pit
ٹانگ
cama
بازو
braç

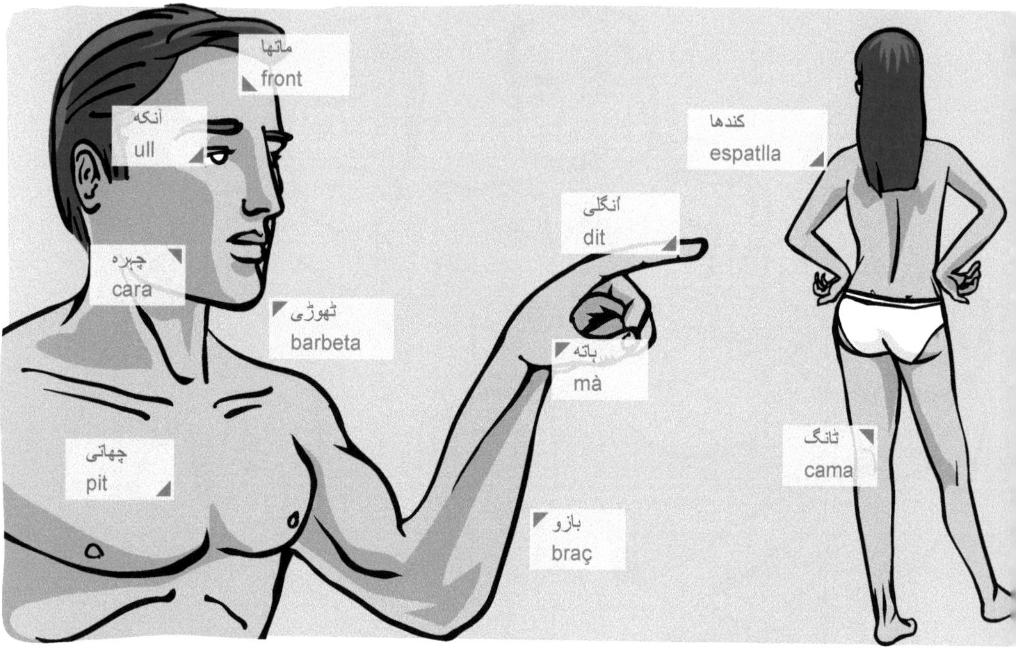

طفل

nadó

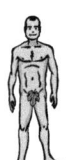

آدمی

home

عورت

dona

لڑکی

noia

لڑکا

noi

سر

cap

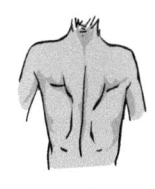

کمر

esquena

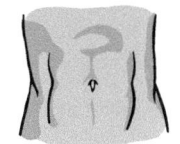

پیٹ

panxa

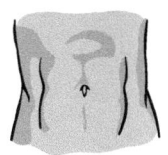

ناف

melic

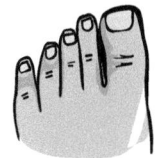

پاؤں کا انگوٹھا

dit gros del peu

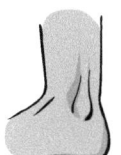

ایڑھی

taló

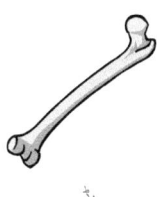

ہڈی

os

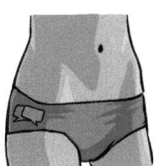

کولہا

maluc

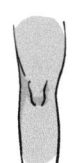

گھٹنا

genoll

کہنی

colze

ناک

nas

نچلا حصہ

cul

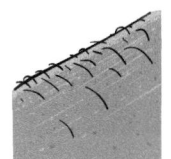

جلد

pell

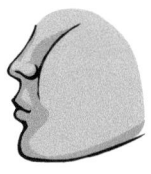

گال

galta

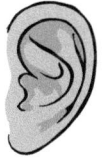

کان

orella

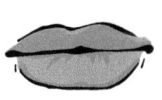

ہونٹ

llavi

مُنہ

boca

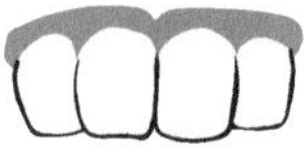

دانت

dent

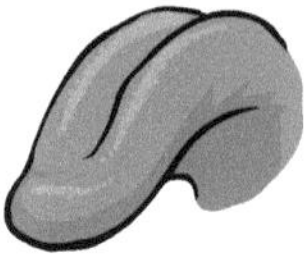

زُبان

llengua

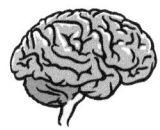

دماغ

cervell

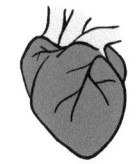

دل

cor

پٹھہ

múscul

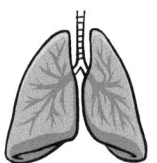

پھیپھڑا

pulmó

جگر

fetge

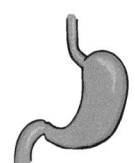

معدہ

estómac

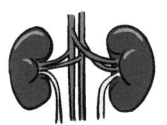

گردے

ronyó

جنس

relació sexual

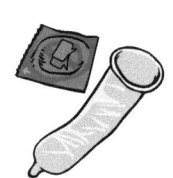

کنڈوم

preservatiu

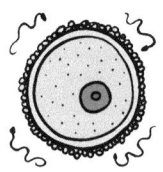

بیضہ

ovari

ماده منویہ

semen

حمل

prenyat

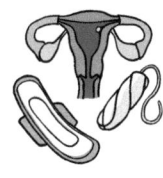

حيض

menstruació

اندام نهانی

vagina

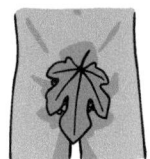

عضوتناسل

penis

بهنوين

cella

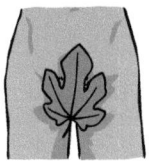

بال

cabells

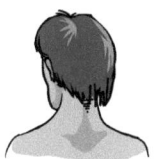

گردن

coll

ہسپتال

hospital

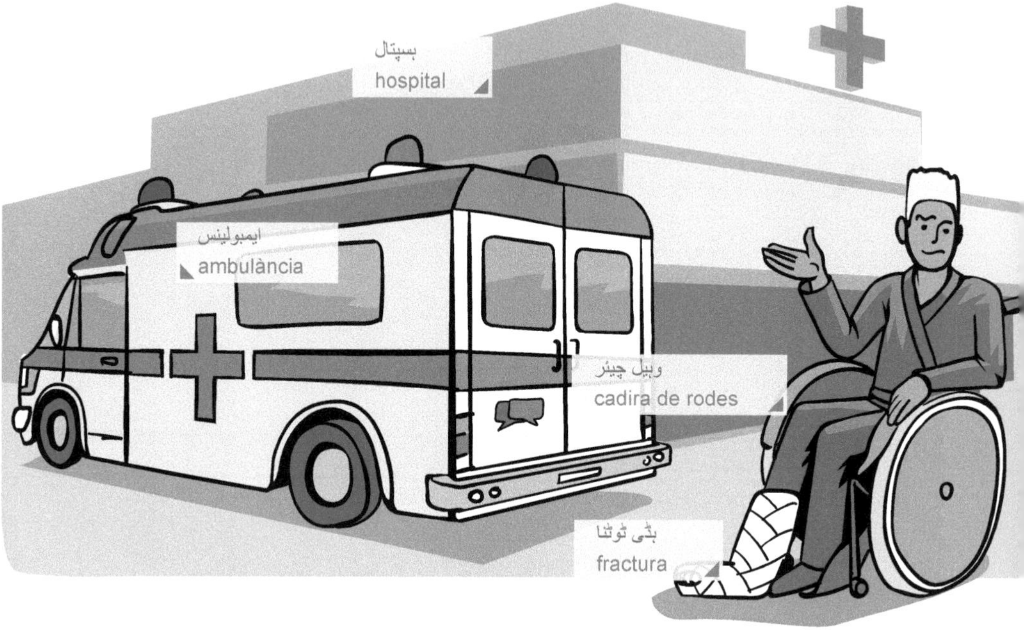

ایمبولینس
ambulància
وہیل چیئر
cadira de rodes
ہڈی ٹوٹنا
fractura

ڈاکٹر

doctora

ہنگامی کمرہ

sala d'urgències

نرس

infermera

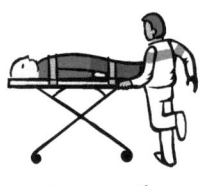

ہنگامی صورتحال

urgència

بے ہوش

inconscient

درد

dolor

زخم

ferida

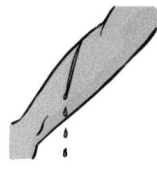

خون بہنا

sagnament

دل کا دورہ

atac de cor

فالج

apoplexia

الرجی

al·lèrgia

کھانسی

tos

بخار

febre

زکام

gripa

اسہال

diarrea

سردرد

mal de cap

کینسر

càncer

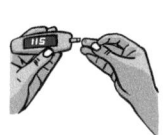

ذیابیطس

diabetis

سرجن

cirurgià

نشتر

escalpel

آپریشن

operació

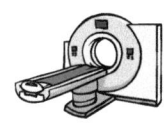

سی ٹی

tomografia computada (TC), TAC

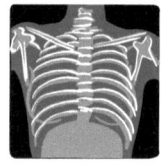

ایکس رے

raigs x

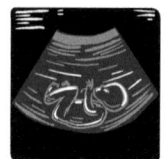

الٹراساؤنڈ

ultrasò

چہرے کا نقاب

mascareta

بیماری

malaltia

انتظارگاہ

sala d'espera

بیساکھی

crossa

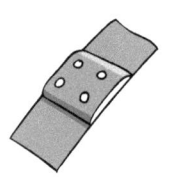

پلاسٹر

tireta

پٹی

embenat

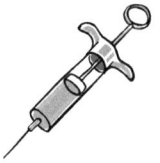

انجکشن

injecció

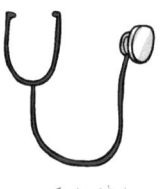

اسٹیتھواسکوپ

estetoscopi

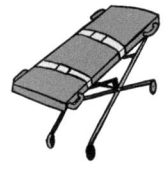

اسٹریچر

llitera

طبی تھرما میٹر

termòmetre clínic

پیدائش

pariment

حد سےزیادہ وزن

sobrepès

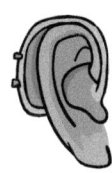

آلہ سماعت

aparell auditiu

جراثیم کش

desinfectant

انفیکشن

infecció

وائرس

virus

ایچ آئی وی/ ایڈز

VIH / SIDA

دوا

medicina

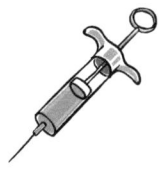

ویکسی نیشن

vaccí

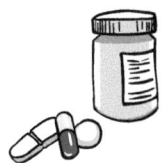

گولیاں

comprimits

گولی

píl·lola

ہنگامی کال

trucada d'urgència

بلڈ پریشرمانیٹر

tensiòmetre

بیمار/ صحتمند

malalt / sà

ہنگامی صورتحال
urgència

مدد!

Socors!

الارم

alarma

مُجرمانہ حملہ

assalt

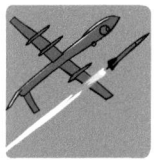

حملہ

atac

خطرہ

perill

ہنگامی راستہ

sortida-eixida d'urgència

آگ!

Foc!

آگ بُجھانےوالہ آلہ

extintor

حادثہ

accident

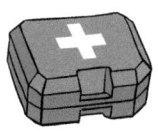

ابتدائی طبی امداد کی کٹ

farmaciola de primers auxilis

ایس اوایس

SOS

پولیس

policia

یورپ

Europa

شمالی امریکہ

Amèrica del Nord

جنوبی امریکہ

Amèrica del Sud

افریقہ

Àfrica

ایشیا

Àsia

آسٹریلیا

Austràlia

بحراوقیانوس

Atlàntic

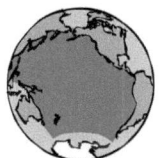

بحرالکاہل

Pacífic

بحرہند

Oceà Índic

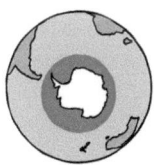

بحرقُطب جنوبی

Oceà Antàrtic

بحرقُطب شمالی

Oceà Àrtic

قُطب شمالی

pol nord

قُطب جنوبی

pol sud

انٹارکٹیکا

Antàrtida

زمین

terra

زمین

país

سمندر

mar

جزیرہ

illa

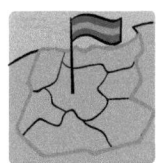

قوم

nació

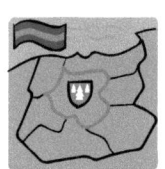

ریاست

estat

کلاک

rellotge

کلاک کا سامنےکا حصہ

quadrant

گھنٹوں والی سوئی

agulla de les hores

منٹوں والی سوئی

agulla dels minuts

سیکنڈ ہینڈ

agulla dels segons

کیا وقت ہوا ہے؟

Quina hora és?

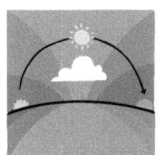

دن

dia

وقت

temps

اب

ara

ڈیجیٹل گھڑی

rellotge digital

منٹ

minut

گھنٹہ

hora

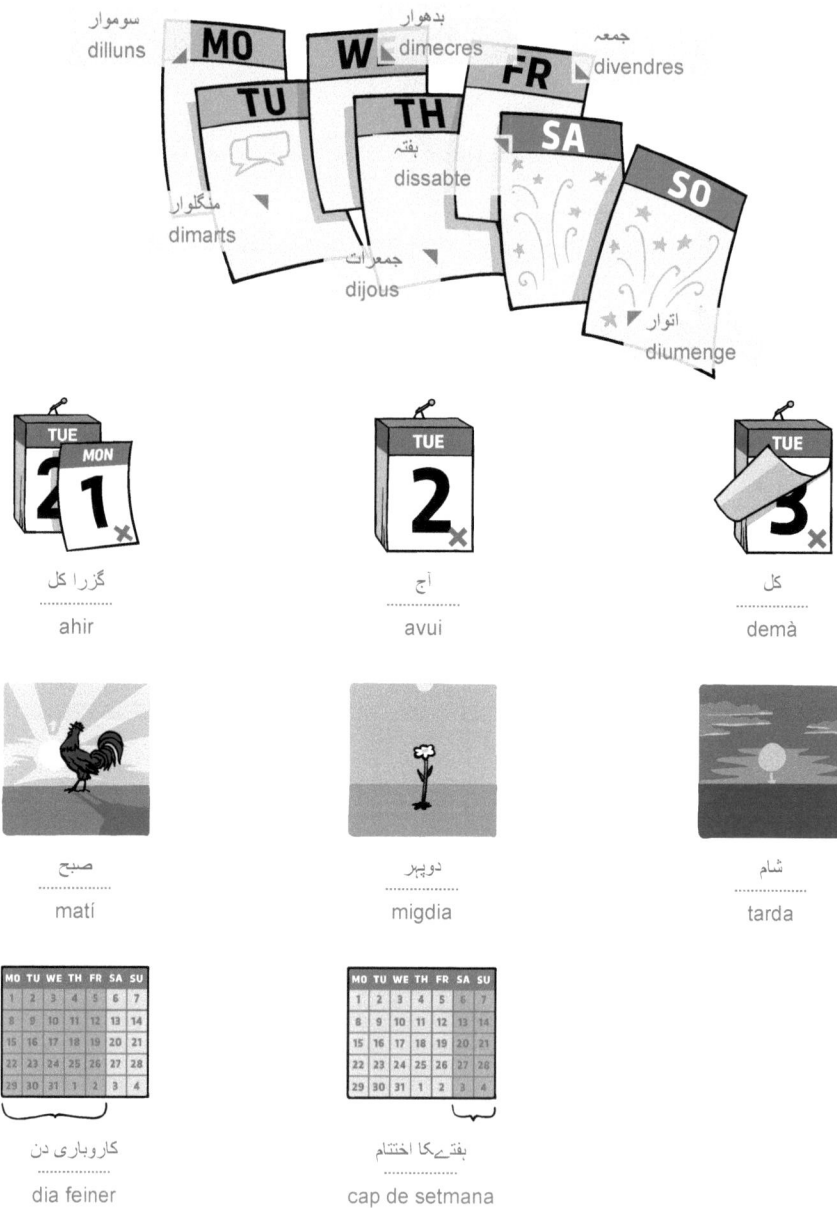

سوموار — dilluns
بدهوار — dimecres
جمعہ — divendres
TU
TH — بفتہ — dissabte
SA
SO
منگلوار — dimarts
جمعرات — dijous
اتوار — diumenge

گزرا کل
ahir

آج
avui

کل
demà

صبح
matí

دوپہر
migdia

شام
tarda

MO	TU	WE	TH	FR	SA	SU
1	2	3	4	5	6	7
8	9	10	11	12	13	14
15	16	17	18	19	20	21
22	23	24	25	26	27	28
29	30	31	1	2	3	4

کاروباری دن
dia feiner

MO	TU	WE	TH	FR	SA	SU
1	2	3	4	5	6	7
8	9	10	11	12	13	14
15	16	17	18	19	20	21
22	23	24	25	26	27	28
29	30	31	1	2	3	4

ہفتے کا اختتام
cap de setmana

سال

any

بارش
pluja
قوس قزح
arc de Sant Martí
برف
neu
ہوا
vent
بہار
primavera
خزاں
tardor
موسم گرما
estiu
موسم سرما
hivern

4.APRIL 11°
5.APRIL 4°
6.APRIL 13°
7.APRIL 8°
8.APRIL 10°

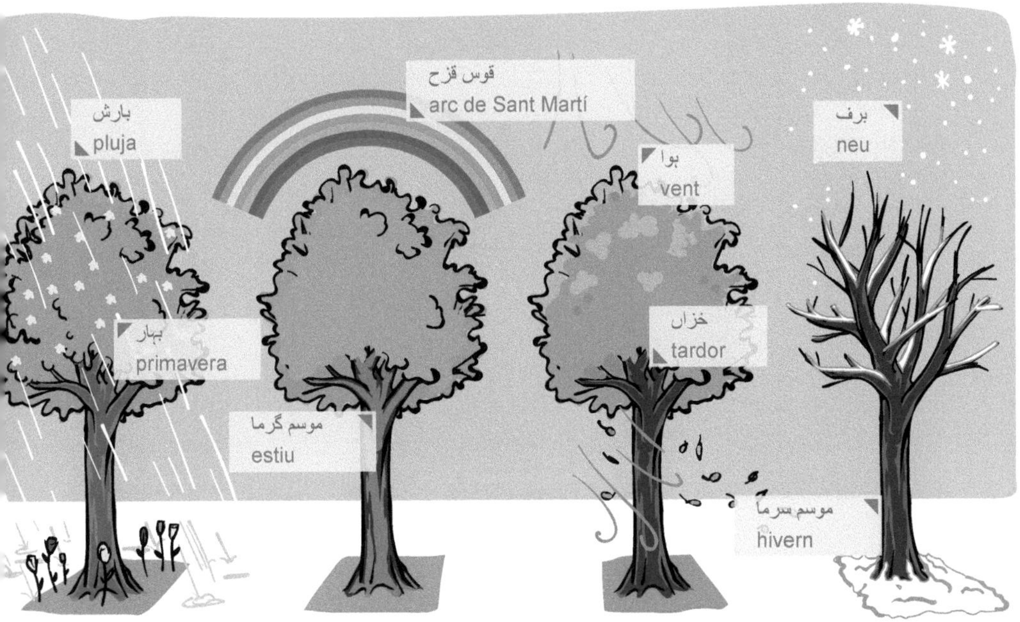

موسمی پیش گوئی

pronòstic del temps

F C
120 40
90 30
60 20
30 10
0 0
-30 -10
-20

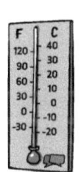

تھرما میٹر

termòmetre

دھوپ

llum del sol

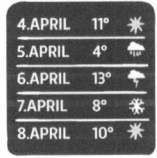

بادل

núvol

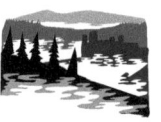

دُھند

boira

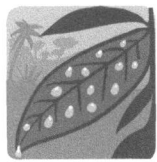

حبس

humiditat de l'aire

بجلی کوندھنا

llamp

بادلوں کی گرج

tro

طوفان

tempesta

ژالہ باری

calamarsa

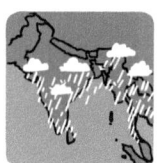

مون سون

monsó

سیلاب

inundació

برف

gel

جنوری

gener

فروری

febrer

مارچ

març

اپریل

abril

مئی

maig

جون

juny

جولائی

juliol

اگست

agost

ستمبر

setembre

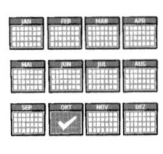

اكتوبر

octubre

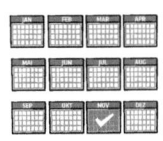

نومبر

novembre

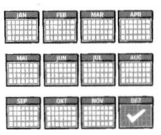

دسمبر

desembre

اشكال

formes

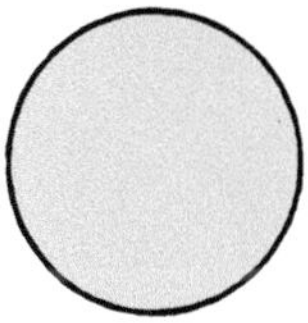

دائره

cercle

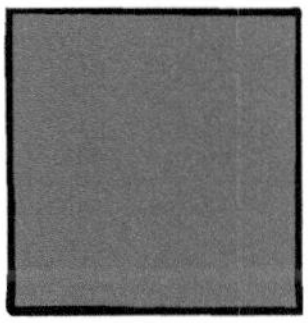

چوکور

quadrat

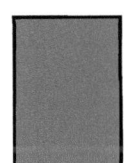

مُستطیل

rectangle

تکون

triangle

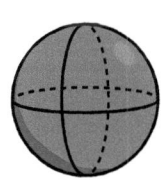

گره

esfera

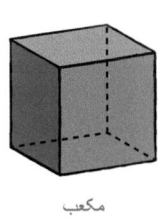

مکعب

cub

رنگ

colors

سفید

blanc

پیلا

groc

نارنجی

taronja

گلابی

rosa

سُرخ

vermell

جامنی

lila

نیلا

blau

سبز

verd

بھورا

marró

مٹیالا

gris

سیاہ

negre

مخالف
oposats

بہت زیادہ / بہت کم

molt / poc

ناراض / پُرسکون

emprenyat / tranquil

خوبصورت / بدصورت

bonic / lleig

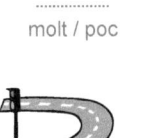

آغاز / اختتام

començament / fi

بڑا / چھوٹا

gran / petit

روشن / اندھیرا

clar / fosc

بھائی / بہن

germà / germana

صاف / گندا

net / brut

مکمل / نامکمل

complet / incomplet

دن / رات

dia / nit

زندہ / مُردہ

mort / viu

چوڑا / تنگ

ample / estret

کھانے کے قابل ہونا / کھانے کے قابل نہ ہونا

comestible / immenjable

بُرا / اچھا

dolent / amable

پُرجوش / بوریت کا شکار

entusiasmat / entediat

موٹا / دُبلا

gros / prim

پہلا / آخری

primer / darrer

دوست / دُشمن

amic / enemic

بھرا ہوا / خالی

ple / buit

سخت / نرم

dur / tou

بوجھل / ہلکا

pesant / lleuger

بھوک / پیاس

gana / set

بیمار / صحتمند

malalt / sà

غیرقانونی / قانونی

il·legal / legal

عقلمند / بیوقوف

intel·ligent / ximple

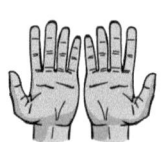

بائیں / دائیں

esquerra / dreta

نزدیک / دور

prop / llunyà

نیا / پُرانا
....
nou / usat

کچھ نہیں / کچھ ہے
....
res / quelcom

بوڑھا / نوجوان
....
vell / jove

آن / آف
....
encès / apagat

کُھلا / بند
....
obert / tancat

خاموش / بُلند آواز
....
silenciós / sorollós

امیر / غریب
....
ric / pobre

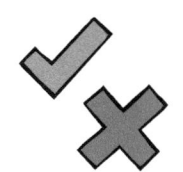

ٹھیک / غلط
....
correcte / incorrecte

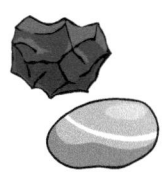

کھُردرا / ہموار
....
aspre / suau

افسردہ / خوش
....
trist / content

مُختصر / طویل
....
curt / llarg

آہستہ / تیز
....
lent / ràpid

گیلا / خُشک
....
humit / sec - eixut

گرم / ٹھنڈا
....
calent / fred

جنگ / امن
....
guerra / pau

اعداد

nombres

0	1	2
صفر	ایک	دو
zero	u	dos
3	4	5
تین	چار	پانچ
tres	quatre	cinc
6	7	8
چھ	سات	آٹھ
sis	set	vuit
9	10	11
نو	دس	گیارہ
nou	deu	onze

12

باره

dotze

13

تیره

tretze

14

چوده

catorze

15

پندره

quinze

16

سولہ

setze

17

ستره

disset

18

اٹھاره

divuit

19

أنیس

dinou

20

بیس

vint

100

سو

cent

1.000

ہزار

mil

1.000.000

دس لاکه

milió

زبانیں

llengües

انگریزی
....
anglès

امریکی انگریزی
....
anglès americà

چینی مینڈارین
....
xinès mandarí

ہندی
....
hindi

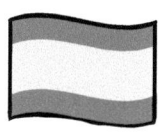

ہسپانوی
....
espanyol

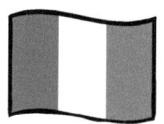

فرانسیسی
....
francès

عربی
....
àrab

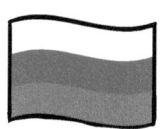

روسی
....
rus

پُرتگالی
....
portuguès

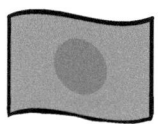

بنگالی
....
bengalí

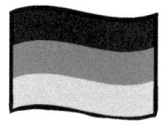

جرمن
....
alemany

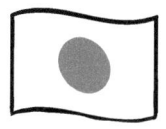

جاپانی
....
japonès

کون / کیا / کیسے
qui / què / com

میں

jo

تم

tu

وہ (لڑکا) / وہ (لڑکی) / یہ

ell / ella / allò

ہم

nosaltres

تم

vosaltres

وہ

ells

کون؟

qui?

کیا؟

què?

کیسے؟

com?

کہاں؟

on?

کب؟

quan?

HELLO, I AM

نام

nom

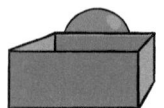

کہاں

on

پیچھے

darrere

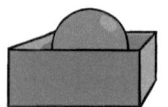

میں

en

کے سامنے

davant de

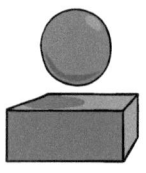

اوپر

damunt

پر

sobre

نیچے

sota

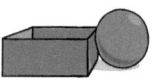

ساتھ

al costat

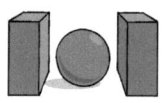

درمیان

entre

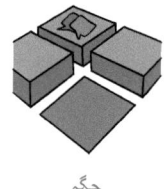

جگہ

lloc